Pour Baptiste, Célio et Quentin.

Pour mon indispensable
Club des Cinq nantais.

R. C.

Du même auteur

Angélique boxe
Un papillon d'hiver
ACTES SUD JUNIOR

Éditeur : François Martin
Directeur artistique : Guillaume Berga

ISBN 978-2-7427-8549-0

Loi 49-956 du 16 juillet 1949
sur les publications destinées à la jeunesse

RICHARD COUAILLET

Angèle, ma Babayaga de Kerménéven

ILLUSTRÉ PAR
ANNE LAVAL

ACTES SUD JUNIOR

"Il est bien peu de monstres
qui méritent la peur que nous en avons."

André Gide, *Les Nouvelles Nourritures*.

"Pourquoi t'écris que des histoires
avec des filles ?"

Baptiste.

1

Mon monstre à moi

Mémère Angèle est un monstre. Un monstre breton. Ma Babayaga de Kerménéven. Celle qui hante mes rêves depuis onze ans, sans compter ceux que j'ai faits dans le ventre de ma mère. Je suis sûr que là aussi je rêvais d'elle, de sa voix grave et sombre, de ses mains de bûcheronne, de son cou de taureau. Je suis sûr qu'un jour elle a posé ses mains sur le ventre de ma mère pour lui chanter une vieille berceuse bretonne et que j'ai cru entendre les sirènes de l'Enfer.

Je pense que mes parents n'ont jamais compris ce qu'ils appelaient mes « terreurs nocturnes ». Ils n'ont jamais su déchiffrer ce que j'ai toujours eu l'impression de hurler dans la nuit, dressé sur mon lit, le doigt pointé vers le vide : « Mémère Angèle ! » Comme on peut dire, en y croyant, *« Vade retro, Satana »*.

Petit, quand mes parents me réveillaient certains samedis matin en me disant « Au fait, ne traîne pas trop, on part passer la nuit chez Mémère Angèle », là, sous mes couvertures, j'avais le trouillomètre qui s'affolait. Une envie de pisser en urgence me sortait du lit, et à mesure que ma vessie se soulageait sous l'effet de la peur, je sentais une boule grossir, grossir comme un haricot magique dans mon ventre.

Devant mon bol, des haut-le-cœur ne me quittaient pas ; je n'arrivais à rien avaler. Comme je suis malade en voiture, c'était

toujours ça de moins à vomir. Et ces mots : « passer la nuit chez Mémère Angèle » résonnaient en moi comme les grosses cloches dans les films d'horreur.

À ces samedis de torture venait aussi s'ajouter l'apocalypse de tous les étés : la semaine de vacances chez Mémère Angèle. Sept jours à traverser en apnée, en dormant le plus possible, en me plongeant six heures par jour dans la lecture de BD, de mangas ou de romans. D'ailleurs, je voyais bien que ça me rendait très étrange aux yeux de Mémère Angèle qui, de temps en temps, passait me tâter le front pour voir si ça ne chauffait pas trop là-dedans.

Malheureusement pour moi, Mémère Angèle est – faut pas que je me trompe... – la petite sœur de mon arrière-grand-père maternel ; autrement dit, elle est la dernière personne âgée du côté de maman qui d'ailleurs répète tout le temps : « Il faut aller la voir, elle est la mémoire de la famille. » Et moi, à chaque fois, je me dis que si Mémère Angèle perdait un peu la mémoire, j'aurais un mois de juillet plus tranquille.

Mais je ne peux d'autant rien dire que Max, mon petit frère, adore Mémère Angèle. Et si je connaissais un mot plus fort qu'adorer, ça serait celui-là. Elle est son idole depuis tout petit. Parfois, quand je regarde ses placards à jouets, je me dis que c'est normal : ils débordent de créatures mi-humaines mi-mécaniques ou animales, ou les trois à la fois. La chambre de Max, c'est la foire aux monstres. Il faut le voir les monter, les démonter, tenter de nouveaux assemblages pour trouver la créature la plus hideuse de l'univers.

Et sans vouloir paraître balancer mon petit frère chéri, j'ai une autre piste : l'été dernier, pendant mon calvaire d'une semaine chez Mémère Angèle, Max a été sévèrement puni pour avoir disséqué une sauterelle, un crapaud, un poussin (il a juré qu'il était déjà mort) et… un rat. Le problème, c'est qu'il a fait de la table de la cuisine sa table de dissection.

Tout triomphant, une petite plume jaune accrochée aux sourcils, il est venu me sortir de ma lecture pour me montrer ses trophées bien rangés sur la nappe plus très blanche. Je suis ressorti de la cuisine en courant, le cœur au bord des lèvres. Max n'a pas compris. Il était tellement fier d'avoir su séparer le cœur des poumons, du foie, de tout le reste qui dégoulinait sur la nappe ! Et pour ne pas trop nous traumatiser, il avait pris soin de recoudre très proprement le rat, le crapaud et le poussin en laissant les viscères à côté. Quand maman est descendue la première de sa sieste, ça a été le carnage. Elle s'est abattue sur Max à grands cris comme un avion en piqué. Max a fait un tout droit dans sa chambre, puni pendant trois jours.

Mémère Angèle, alertée par les cris, est rentrée du jardin. Elle a jeté un œil sur le rat, l'a attrapé par la queue comme on prend une pomme dans un panier à fruits, et elle l'a jeté dans la poubelle en marmonnant :

– Un de moins qui volera plus mes œufs. C'est un bon p'tit gars, Max.

Et puis elle s'est retournée vers ma mère de son air qui ne demande pas de réponse :

– C'est bien, il a le sens de la nature, le petit. Il est curieux des choses. Faut pas crier.

Maman n'a rien répondu et Mémère Angèle, du revers de la main, a fait glisser les viscères gluants dans une feuille de journal pour les donner au chat.

À la fin de sa punition (au bout d'un jour et demi grâce à Mémère Angèle), Max s'est installé à table et a juste dit avant la première bouchée :

– Vous comprendrez quand je serai médecin légiste.

Sans mentir, Maman a fait « gloups » en s'étranglant. Elle a juste trouvé assez d'air pour lui répondre :

– Tu plaisantes ? Tu veux encore être puni ?

– Non, c'est la vérité, a-t-il répondu calmement. Si on vous tue un jour, vous serez bien contents que je vous ouvre pour découvrir comment vous êtes morts.

Papa a regardé Maman en silence avant d'ajouter en souriant :

– C'est vrai, nous sommes tes parents, tu pourras au moins faire ça pour nous.

Max a pris ça pour un accord et il s'est remis à manger en pensant sûrement à sa prochaine dissection, secrète celle-là, histoire de ne plus se retrouver enfermé dans sa chambre. Mémère Angèle s'est levée pour aller prendre le dessert et, au passage, elle a passé sa main de boucher tout délicatement sur la tête de Max. Je me demande même s'il n'a pas ronronné.

Tout ça pour expliquer qu'il n'y a pas de fumée sans feu et que l'adoration de Max pour Mémère Angèle n'est finalement pas si étonnante. Les anges mutants, transgéniques, extraterrestres, ça doit être son truc.

Ces deux-là se sont trouvés.

De mon côté, depuis un an ou deux, j'ai grandi et j'ai appris à dominer ma peur. Mes terreurs nocturnes se sont bien espacées et je vis un peu mieux nos passages chez Mémère Angèle. J'évite soigneusement les contacts avec elle. On ne se touche pas, on se regarde à la dérobée, on s'observe.

Pour la bise, j'effleure juste sa joue qui me donne des frissons en boule d'épines.

Pour le reste, je garde mes habitudes : sommeil et lecture.

Petite précision : le calvaire été 2001 commence demain.

Et comme je n'arrive pas à dormir, j'ai décidé d'écrire ce journal d'un condamné.

Est-on un jour débarrassé de ses démons ?

2

En route pour l'Enfer

La voiture s'approche. Dans une sorte de ralenti accéléré qui me donne le vertige. J'ai envie de vomir. Papa s'est déjà arrêté deux fois pour que je me vide l'estomac. Je n'ose pas demander un troisième arrêt à quelques kilomètres de la gueule du monstre dans laquelle cette maudite voiture va me jeter. Je sais ce que j'ai écrit hier : « j'ai appris à dominer ma peur ». Sauf que la peur, elle fait ce qu'elle veut ; elle vous prend quand ça lui chante et surtout quand vous ne l'attendez pas, quand vous pensez tenir les rênes.

L'antre de Babayaga approche. Je sens son odeur de malheur se faufiler dans mes narines. Son odeur de sang et de mort. Je suis sûr que Mémère Angèle a des cadavres planqués plein ses placards, des cadavres qu'elle garde pour Max, pour qu'il les dissèque en cachette dans la grange, derrière les bottes de foin.

La voiture avance. Rien ne peut l'arrêter. Elle est attirée dans le champ magnétique-maléfique de Mémère Angèle. C'est une aspiration lente. Je suis sûr que Papa fait semblant de conduire. Il lâcherait le volant, la voiture avancerait quand même. J'ai envie de lui mettre mes mains sur les yeux pour vérifier, mais je suis écrasé-paralysé au fond du siège.

Une crêpe bretonne, une crêpe dentelle, rien de plus.

Je sais que je n'hallucine pas. La preuve : pas un tracteur pour nous retarder alors que nous errons dans la lande bretonne. Je le sais, tout est organisé par la Babayaga de Kerméneven qui tire les ficelles depuis sa demeure malfaisante.

Le panneau fatidique vient de passer : Kerméneven 1km.

La transpiration fait un ruisseau le long de ma colonne.

J'inspire péniblement.

J'expire douloureusement.

La voiture passe la grille rouillée.

Trois corbeaux s'envolent en criant.

Elle est là, sur le seuil, son chat à ses pieds.

Son chat sourit.

Il faut descendre.

Une odeur de viande avariée m'alerte dès les premiers pas. Je regarde mes parents : ils ne sentent rien. Max, lui, se passe la langue sur les lèvres : « Ça sent bon, Mémère Angèle, qu'est-ce que tu as fait à manger ? » Il fonce dans ses bras. Moi, après un effort surhumain, j'effleure ses joues et tente d'articuler un « bonjour Mémère Angèle » qui devient une sorte de marmelade entre mes mâchoires bloquées.

Toute l'agitation de l'arrivée me donne le tournis. Je m'éclipse vers les granges. L'odeur de viande avariée devient entêtante. Alors j'essaie de la suivre. J'entre dans la deuxième grange. Mon odorat me guide vers le grenier. L'échelle n'est pas couverte de poussière. Je remarque des traces de pas récentes. Je soulève la trappe. C'est là, j'en suis sûr. L'odeur est forte, âcre, aigre. Mes yeux s'habituent à la pénombre. Je distingue des étagères, et sur ces étagères des bocaux. Je m'approche. Je me sens observé. Une sensation désagréable. J'ai envie de descendre, de rester, de fermer les yeux, de déchiffrer les ombres. J'avance vers une rangée de bocaux. J'en prends un délicatement. Mon regard se fait plus précis. Je tremble un peu. Beaucoup. Une forme flotte dans un liquide sombre. Je secoue le pot, la

forme ronde terminée par une pointe bouge. Je n'arrive pas à comprendre ce que c'est. Je m'approche d'une lucarne couverte d'une épaisse couche de crasse. La lumière filtre un peu. Je sens ma main se crisper en levant le bocal. Un hurlement, le mien sans doute, déchire le silence. Je lâche le bocal qui se brise. La forme saute sur ma chaussure, elle vient s'y coller : j'ai un œil qui colle à ma chaussure. Je secoue sauvagement le pied et l'œil vole dans le fond du grenier. Je l'entends qui s'écrase. Un œil. C'est un œil. Ce sont des yeux, des yeux plein les bocaux, des yeux de toute taille. Des dizaines d'yeux.

Mémère Angèle collectionne les yeux. Les yeux de qui ? De bêtes ? D'humains ? D'enfants volés ?

De nouveau le vertige. Mes jambes faiblissent, je recule, je titube. Mes mains au hasard cherchent un appui dans le noir qui soudain est retombé sur moi. Il m'entoure, m'enserre, me presse la poitrine, m'empêche de respirer.

Ma main droite se pose en tâtonnant sur une forme un peu molle et froide. Mon pouce s'enfonce dans une sorte d'orifice gluant. Je ferme les yeux. Je ne veux pas le croire. Je ne veux pas le croire. Lentement je me retourne. Ma main droite est figée, mon pouce pris comme dans du ciment. Je dois ouvrir les yeux. Je dois voir.

Une tête de poulain.

Une tête de poulain posée sur une table.

Une tête de poulain avec un regard sans yeux. Orbites vides.

Il ne me reste que le hurlement.

Je hurle pour libérer ma main, mes jambes, mon corps, mon regard. Je cours, dévale l'escalier, je sors de la grange, je prends la

lumière comme un coup de poing en pleine face, je vacille, je reprends de l'élan. Maman, Papa m'ont entendu, ils accourent, je me précipite vers eux. Je vois Mémère Angèle sur le seuil. Elle sourit, comme son chat. Je tends mon doigt vers elle, je veux hurler son nom, mais il s'étrangle dans ma gorge. Il se bloque, m'étouffe, m'asphyxie. Je n'arrive plus à respirer. Je me sens devenir bleu. Je me sens devenir froid.

Je me réveille dans une énorme inspiration, le visage tendu vers le plafond de ma chambre. Je ressemble au plongeur qui jaillit à la surface, à la recherche d'air pour emplir ses poumons pressés comme des éponges.

Je me lève, inondé de transpiration.

Je m'essuie dans les draps.

Je regarde l'heure : il reste deux heures avant le réveil de la maison, trois heures avant le départ pour Kerménéven.

Même espacées, mes terreurs nocturnes savent revenir.

Il n'est plus question pour moi de dormir.

Je m'assois à mon bureau. Je reprends mon journal pour écrire ce cauchemar, pour l'enfermer dans ces pages.

Qu'il ne revienne plus !

2 (bis)

L'arrivée à Kerménéven, deuxième

Nous n'avons finalement croisé que cinq tracteurs. Papa ne supporte pas de les suivre sur les petites routes, alors il a terminé le trajet en râlant. Moi, je n'ai vomi qu'une fois, au moment du deuxième tracteur doublé juste avant un virage pris un peu trop vite. Résultat, le fermier nous a redoublés et Papa a très mal pris le sourire qui paraît-il traversait son visage. Un touriste malade, ça fait toujours marrer les gens du pays.

Quand on est arrivés, Mémère Angèle est venue nous ouvrir la barrière toute neuve, tout en bois blanc. Max s'est enthousiasmé pour cette nouvelle barrière. Il a trouvé ça « génial, super beau ». Un bouleversement esthétique… Moi, je n'ai pas pu m'empêcher de jeter un coup d'œil à la deuxième grange, à sa lucarne qui en fait n'existe pas.

Comme d'habitude, le chat a attendu deux trois minutes que le capot de la voiture refroidisse un peu pour venir s'y réchauffer.

Comme d'habitude Maman et Papa ont commencé leurs allées et venues entre le coffre et les chambres.

Comme d'habitude nous avons eu droit au morceau de far aux pruneaux. Max s'est rué sur sa part en posant la question dont il connaissait déjà la réponse : « Mémère Angèle, c'est toi qui l'as fait ? » « Oui, mon p'tit, avec mes bons œufs que je suis allée chercher hier matin. »

Cette réplique, je la connais par cœur. En un sens, elle me rassure, elle me donne des repères. Pour Max, ça doit être pareil. Un rituel pour se dire qu'on y est bel et bien, pour lui au paradis et pour moi… Non, j'ai décidé que pour moi, cet épisode de la saison 2001 de la série « Bad Angel » se passera beaucoup mieux que les précédents. Avec un vrai happy end !

D'ailleurs, même si je sais qu'il ne faut jurer de rien, cette première journée s'est bien passée. Pas d'incident majeur, pas de contact particulier avec Mémère Angèle, pas de dissection sauvage de la part de Max. Entre le paradis et l'enfer, il y a les limbes. Une zone tampon comme ils disent à la télé quand il y a une guerre. J'ai passé le reste de la journée dans les limbes. J'ai pris deux BD et un roman sur le roi Arthur, et je suis allé me planquer dans ma chambre.

Seulement Maman a voulu que j'aille profiter du bon air breton (et radioactif aussi, mais ça, elle oublie toujours de le préciser). Alors j'ai pris mes livres et je me suis posé dehors, à côté de la sublimissime barrière blanche. Mémère Angèle n'est pas venue vérifier ma température. Et finalement l'heure du repas du soir est vite arrivée. Une soupe de légumes du jardin et au lit.

La porte de ma chambre refermée, je me suis jeté sur mon lit avec un long, long soupir de soulagement en contemplant le plafond

blanc : un bon support pour faire le vide.

J'ai repris ma lecture, et quand j'ai entendu tout le monde monter se coucher, quand toutes les portes des chambres ont été refermées, j'ai sorti mon journal d'un condamné qui commence à espérer un allègement de sa peine.

3

Un round d'observation

Deuxième jour, seulement, mais rien de spécial à signaler. Mémère Angèle a fait une grosse sieste dans l'après-midi. Maman dit qu'elle ne devrait pas s'occuper toute seule d'un si grand terrain. Le jardin, les granges, les bêtes, et nous qu'elle veut accueillir comme il faut, ça fait beaucoup. Pour l'accueil, j'ai failli suggérer un moyen d'alléger le travail de Mémère Angèle mais devant l'air inquiet de Maman, je n'ai pas insisté.

Naturellement Maman dit ça tout bas à Papa, mais surtout pas à Mémère Angèle. Elle n'oserait pas prendre le risque de lui donner un conseil. Mémère Angèle est l'ennemie des conseils à recevoir. Alors Maman l'a juste regardée de façon un peu bizarre durant le repas du soir et la réaction ne s'est pas fait attendre.

– Ben quoi, j'ai du brun de poule sur le nez ? Qu'est-ce qui t'arrive à me regarder comme ça !

Maman a bredouillé :

– Non, rien, Mémère Angèle. Je me disais juste que demain les garçons pourraient t'aider au jardin.

La traîtresse ! Me condamner à des travaux forcés juste pour se tirer d'un mauvais pas et pour ne pas froisser sa Mémère adorée. La pétocharde ! On dirait moi.

Mémère Angèle a failli me sauver la mise :

– Je suis pas encore morte, dis donc ! Je peux encore manier mon râteau toute seule.

– Je sais, Mémère Angèle, je sais. Simplement ça leur fera du bien de se dépenser un peu, d'apprendre des choses ailleurs que dans les livres.

Là, sa trahison m'a cloué sur place. Crucifié. Une rafale de cinq clous dont un dernier au milieu du front pour que la tête ne penche pas trop sur la croix.

J'ai tout de suite senti peser sur moi des regards convergents. Même le chat m'a regardé de travers. Je me suis contenté de me voûter un peu plus sur ma chaise. Et c'est Papa qui a posé la couronne d'épines.

– Redresse-toi, on dirait un petit vieux. Regarde Mémère Angèle comme elle se tient encore droite ! Prends exemple pour une fois.

Je me suis redressé extérieurement et affaissé encore plus intérieurement.

C'est Max qui m'a sauvé en lançant la discussion sur le jardin, les plantes et tout le tremblement. Ça m'a permis de me déconnecter soigneusement de la conversation après m'être façonné un visage concerné par la croissance de la carotte.

Bref, comme je le disais au début, rien de spécial à signaler, juste la routine du martyr. Plus que quatre nuits avant la délivrance.

Mais comme j'ai décidé d'être positif, je tiens à préciser que la sieste de Mémère Angèle m'a permis d'aller bouquiner au soleil dans le jardin à côté de la menthe. Tourner les pages en froissant une feuille de menthe entre les doigts, j'ai adoré. C'est toujours ça de pris.

4

Même pas morte !

Aujourd'hui, Mémère Angèle a failli mourir.

Pour de vrai.

Et c'est vraiment pas drôle. Vraiment pas comme j'aurais pu l'imaginer en parlant de ma Babayaga.

C'est bête à dire, mais j'ai l'impression de lui avoir jeté des mauvais sorts avec mes histoires, comme si mes cauchemars étaient des épingles plantées dans une poupée vaudoue.

Parce qu'il faut que je l'avoue, au moins ici, dans ce journal : j'ai rêvé cette nuit que

Mémère Angèle s'écroulait morte à table, la tête dans un bol de soupe aux yeux. Bizarrement ce rêve ne m'a pas réveillé. Il m'a fasciné ; je suis resté comme bloqué sur cette image de Mémère Angèle la tête dans le potage en tête à tête avec des yeux.

En me réveillant, je me suis étiré comme un veau. J'étais bien.

Et tout à l'heure, Mémère Angèle s'est écroulée dans mes bras, au beau milieu d'une rangée de carottes.

Il a fait chaud aujourd'hui, et malgré tout Maman a maintenu son idée géniale de nous envoyer au jardin pendant sa sieste à elle, histoire sans doute que Max aille jouer ailleurs avec les vers de terre et autres bestioles bien dégoûtantes.

Mettre les mains dans la terre, avoir des ongles fourrés à la boue, très peu pour moi, mais je me suis dit que ça serait peut-être une bonne action qui me permettrait de descendre

de ma croix, ou au moins de me libérer une main. On s'est donc retrouvés avec Max à démarier les carottes. Franchement je préfère le mot à l'action. Démarier, d'accord, c'est joli à dire (plus joli que divorcer, c'est sûr), mais sur le terrain ça veut dire se plier en deux et trier des brins d'herbes, qu'il faut appeler fanes, pour sortir de pauvres embryons de carottes qui auraient bien voulu continuer à vivre. Après quarante minutes, on a fait une pause. Finalement, je me suis rendu compte que ces embryons étaient vraiment très bons, doux, tendres, fondant presque dans la bouche avec un léger goût sucré. J'ai adoré, mais, têtu comme un Breton (faut bien que les origines servent à quelque chose), je n'ai rien voulu dire à Mémère Angèle.

Bref, je vois bien que depuis tout à l'heure je tourne autour du pot. Mais là, je ne peux plus reculer. Il faut y venir à ce moment, à cette saloperie de moment que je dois raconter, je le sais.

Après notre pause « on se désaltère », Max est allé aux toilettes. Au passage il a pris une BD. C'était clair qu'il n'allait pas revenir avant un certain temps. Alors pour éviter le tête-à-tête avec Mémère Angèle, j'ai repris le chemin des carottes à divorcer. Mémère Angèle m'a suivi. Je l'ai entendue se lever en soufflant, mais j'ai continué sans me retourner.

Comme j'en avais assez de me plier en deux, je me suis mis à genoux dans la terre et tant pis si Maman râlait.

Au bout de deux minutes de silence et de chants d'oiseaux, j'ai entendu Mémère Angèle murmurer dans mon dos :

– Nathanaël…

J'ai eu juste le temps de me retourner et Mémère Angèle s'est écroulée sur moi, de tout son poids. J'ai cru me transformer en carotte enfoncée dans la terre molle.

Quand j'ai réalisé ce qui se passait, le haricot magique a explosé d'un coup dans mon ventre. J'ai quand même réussi à m'extraire de sous Mémère Angèle. J'ai essayé de la faire réagir, mais rien, rien du tout. Et même si jamais je n'aurais cru pouvoir dire ça un jour, je jure que j'aurais vraiment voulu que Mémère Angèle me donne un signe de vie, quitte à ce que mes petites claques réveillent en elle la colère de la Babayaga.

Alors j'ai couru, couru vers la maison en hurlant « Mémère Angèle ! », « Mémère Angèle ! », le doigt pointé en arrière vers le jardin. J'ai eu l'impression de traverser la cour, de grimper l'escalier en deux secondes, d'ouvrir la porte de la chambre des parents comme un sauvage. Je ne sais pas ce qu'ils faisaient, s'ils dormaient ou autre chose, mais j'ai vu leurs yeux ronds comme des billes, le drap tiré entre leurs mains. J'ai encore hurlé « Mémère Angèle ! » comme s'ils étaient loin de moi. Papa s'est levé d'un coup, m'a pris par les épaules, m'a posé sur le lit. En me regardant dans les yeux, il a dit :

– Quoi, Mémère Angèle ?

– Elle est morte ! Dans le jardin !

Je n'ai rien su dire d'autre.

Je n'ai jamais vu quelqu'un enfiler son pantalon et ses chaussures aussi vite. Papa est sorti comme une flèche en criant à Maman d'appeler les pompiers et le SAMU. Il est pompier volontaire, Papa. Je crois que c'est grâce à ça que Mémère Angèle n'est pas morte. Je ne sais pas trop ce qu'il lui a fait. Un massage cardiaque, du bouche-à-bouche ? Mais j'ai juste entendu dire qu'il l'avait récupérée *in extremis*.

Après ça, on s'est tous retrouvés dans la salle d'attente des urgences de Quimper. Un médecin est venu nous voir pour nous dire qu'elle allait être transférée en réanimation à Brest. Elle était dans le coma. Un petit vaisseau dans le cerveau avait claqué. Elle ne risquait plus rien mais il était inquiet pour son réveil. Papa m'a expliqué que le cerveau pouvait être endommagé, que peut-être Mémère Angèle ne serait plus la même en se réveillant du coma, si elle se réveillait.

Je n'ai pas très bien compris ce qu'il voulait dire par « plus la même », mais je n'ai pas insisté. En rentrant le soir à Kerménéven, Papa et Maman ont échangé quelques mots dans la voiture, Max s'est blotti dans son coin en regardant le paysage sombre défiler par la vitre.

Depuis l'arrivée des pompiers, il n'avait pas dit un mot. Je me suis dit qu'il culpabilisait à sa façon : faire caca quand son idole est sur le point de mourir, ce n'est pas très glorieux. Quand il nous a rejoints dans le jardin, sa BD à la main, j'ai bien vu qu'il ne comprenait rien à tout ce branle-bas de combat. Pour le rassurer, j'ai essayé de lui prendre la main, mais j'ai eu entre les doigts un morceau de chair molle que j'ai relâché presque aussitôt. J'ai tiré la manche de Maman, je lui ai montré Max qu'elle a pris dans ses bras en le tournant vers la maison pour qu'il ne voie rien de tout ça.

Je crois que ce qui m'a le plus marqué en rentrant chez Mémère Angèle, ça n'a pas été de ne pas la voir, mais de trouver une de ses bottes tombée dans la terre alors qu'on la portait sur la civière. Elle était là, au milieu des fanes, toute sale.

Avant de nous coucher, Papa a appelé l'hôpital pour prendre des nouvelles. Le coma, toujours.

Maman a dit :

– On verra demain. Comme on avait prévu d'aller à la plage, je vous déposerai et j'irai passer l'après-midi avec elle. Une présence lui fera du bien. Je lui parlerai.

Max a demandé :

– Elle nous entend ?

Papa a répondu :

– Oui, d'une certaine façon. Elle nous entend, mais elle n'arrive pas à se réveiller.

J'ai eu peur que Max demande à ouvrir Mémère Angèle pour la réparer mais il s'est contenté de hocher les épaules en montant dans sa chambre.

Je n'arrive pas à trouver le sommeil. Ou c'est lui qui ne me trouve pas. J'ai peur de faire des cauchemars où je planterais un couteau dans le dos de Mémère Angèle avant de lui retirer les yeux pour les mettre dans un bocal. Rien que d'y penser, rien que de l'écrire, j'en ai la chair de poule.

Alors je raconte, en espérant que ça fera passer les choses. Mais il est tard maintenant. Mes yeux me piquent. Il va bien falloir que je prenne le risque du sommeil.

Alea jacta est…

5

Première visite

Mémère Angèle a passé sa première nuit dans le coma. Et moi, je n'ai fait aucun cauchemar. A croire que ma séance d'écriture nocturne a été efficace.

D'accord, j'ai eu un mal de chien à me sortir du lit mais j'ai eu un sommeil tranquille. J'ai émergé vers onze heures. Tout le monde était sur le pont.

Maman m'a accueilli par un :

– Ah, enfin !

J'ai demandé des nouvelles. Elle m'a répondu, la voix un peu tremblante :

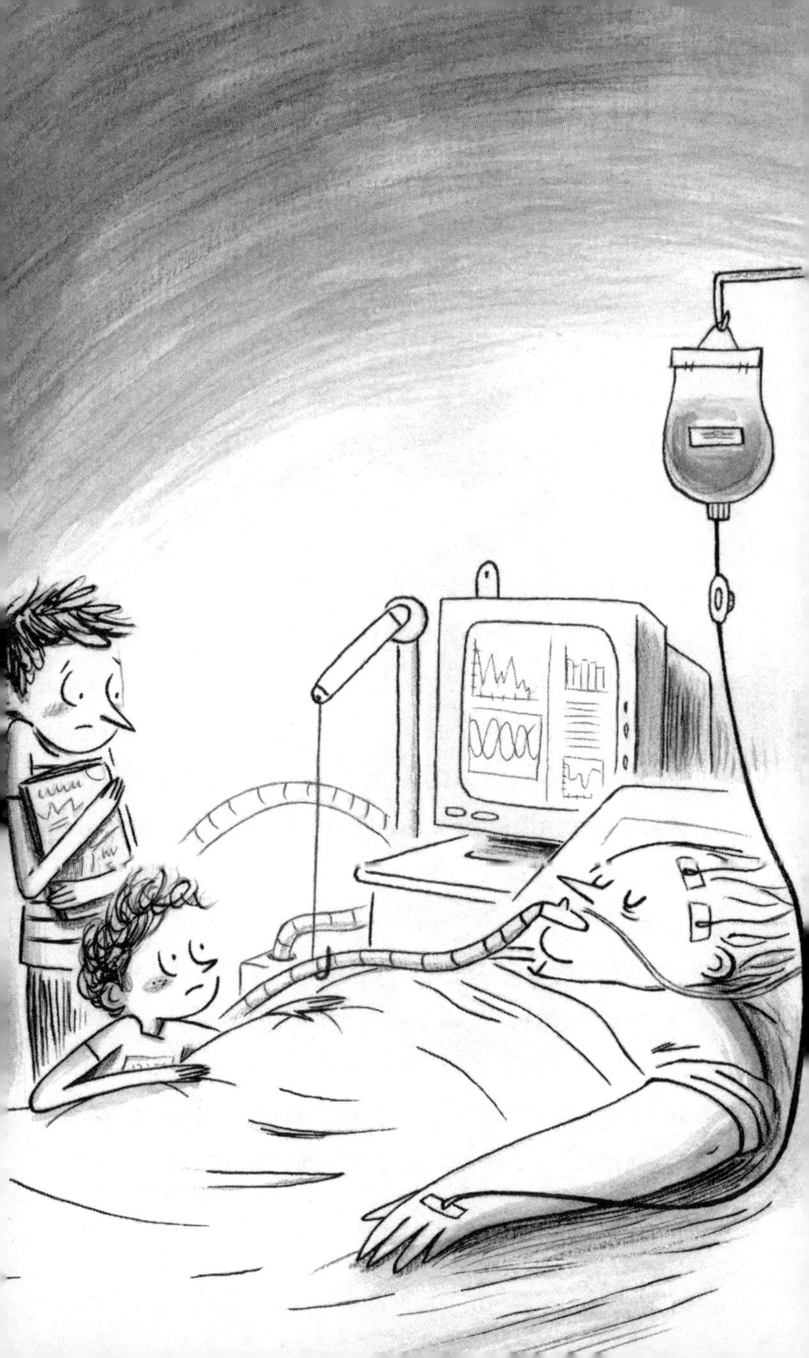

– Toujours dans le coma. Un autre petit vaisseau a cédé cette nuit mais ça n'a rien aggravé.

Je n'ai pas trouvé ça très rassurant. Un cerveau qui se met à avoir des fuites comme ça, c'est inquiétant. Maman a sans doute lu mes pensées sur mon front encore à moitié endormi. Elle a ajouté :

– Ne t'inquiète pas. On va aller la voir, ça va lui faire du bien, tu verras. On est sa seule famille, alors il faut la soutenir pour qu'elle revienne. D'accord ?

J'ai soupiré un « oui » et je suis allé me faire un petit déj' rapide avant le départ pour la plage et le soleil.

Maman nous a déposés à la plage avec le pique-nique avant de filer à l'hôpital.

Papa a planté le parasol, il a mis la glacière à l'ombre et on s'est installés sans conviction. Le cœur n'y était pas. Après les serviettes, on

a étalé la crème solaire sur nos peaux de visages pâles. On a regardé l'océan trop froid pour nos mollets sensibles, les vagues, les gens. On s'est vite ennuyés. Papa a essayé de motiver Max pour un château de sable. Après trois seaux retournés, ils ont tout piétiné et ils sont revenus sous le parasol.

J'avais bien pris de la lecture mais je n'arrivais pas à me concentrer non plus. Le moindre mouvement, le moindre cri me distrayaient.

Vers treize heures on a cherché à tromper l'ennui en mangeant. Personne n'avait vraiment faim.

Alors Papa n'a pas résisté plus longtemps : à quatorze heures, il a appelé Maman sous prétexte d'avoir des nouvelles. Le coup de téléphone s'est terminé par Maman qui annonçait qu'elle venait nous chercher pour aller voir Mémère Angèle.

J'ai été surpris d'être content de ça : quitter la plage, le soleil, pour aller dans un hôpital voir une Mémère Angèle dans le coma.

J'ai suivi le mouvement, Papa devant, la glacière dans une main et la main de Max dans l'autre. J'ai trouvé ça mignon. Ça m'a même fait sourire. Et quand je me suis senti sourire, je me suis dit : « Qu'est-ce qui m'arrive ? Je deviens guimauve ou quoi ? Le soleil me ramollit la tête ? »

N'empêche, cette main de Max qui approche de ses neuf ans dans celle de mon père, ça m'a fait penser qu'on est une famille.

On a attendu Maman en mangeant une glace.

Quand elle s'est garée devant nous, ça se voyait qu'elle était contente de ne pas être toute seule, mais ça se voyait aussi qu'elle était très inquiète.

– Toujours rien. Pas un signe de réveil. Je suis sûre que le médecin ne nous dit pas tout. Tu crois qu'elle va se réveiller ?

Un « je ne sais pas, chérie » a été la seule réponse de Papa. C'est à ce moment-là que Max a enfin fondu en pleurs. Je l'attendais depuis hier.

Là, sur le parking, il a ouvert toutes les vannes. Un vrai torrent de sanglots. Entre quinze hoquets Max a essayé de dire : « Je veux pas qu'elle meure... » Maman l'a serré très fort en retenant ses larmes comme elle pouvait. Elle n'a pas pu grand-chose.

Je me suis enfoncé dans mon coin de la voiture en essayant de dénouer la grosse boule qui grossissait en travers de ma gorge. Papa a pris le volant, Maman s'est assise entre Max et moi. Elle a tenu mon petit frère serré contre elle tout le temps de la route. Elle le berçait tout doucement. Je pense qu'elle se berçait aussi pour ne plus pleurer. Finalement, il n'y a pas d'âge pour ça.

Le trajet a duré un bon quart d'heure ; Max a libéré au moins cinq énormes soupirs.

Arrivés à l'hôpital, dans le service de réanimation, j'ai compris que c'était grave. J'ai compris que Max et son rat disséqué, ça n'était rien. Du pipi de chat.

Dans la chambre d'hôpital, j'ai vu Mémère Angèle sur un lit, les yeux fermés, avec des tuyaux partout. Des gens avec des tuyaux, j'en ai vu plein à la télé. Des qui se font transpercer de balles, de lames de couteau. J'ai vu des trucs assez gore dans les séries télé, mais là, dans la chambre, ça n'avait rien à voir. Tout a pris forme, tout est devenu réel. Les bruits, les couleurs, les odeurs. Les odeurs, je crois que c'est ça qui donne le relief à tout. L'odeur, c'est la vraie 3D : les médicaments, les produits de nettoyage, la bouffe pas bonne. Et au milieu du décor, Mémère Angèle en statue, avec sa peau comme de la cire. J'ai failli ne pas la reconnaître.

Immobile, le visage sans expression, ça n'était pas Mémère Angèle. Cette toile d'araignée de fils et de tuyaux, ces machines qui font des bips réguliers, ça n'est vraiment pas elle, pas Mémère Angèle.

Même si elle m'a pourri un grand nombre de mois de juillet et de week-ends, j'ai eu tout à coup envie qu'elle se lève, qu'elle me fasse les gros yeux ou qu'elle approche sa main énorme de mon crâne pour me frotter le cuir chevelu avec son pouce tout dur.

Comment peut-elle supporter tout ça sans broncher ? Elle doit vraiment être très loin pour ne rien dire et ne pas engueuler l'infirmière ou le médecin.

Je me suis dit ça en restant assis une partie de l'après-midi à côté d'elle. Là aussi, comme sur la plage, mes lectures ont été très distraites. Mon regard s'est plus porté au-dessus du livre qu'entre les lignes. Max, lui, a passé son temps à suivre les fils, les gouttes dans les fils, à poser des tas de questions aux infirmières ou au médecin qui passaient. Ils ont tous été très gentils avec lui. Il a toujours obtenu des réponses qu'il ne comprenait pas forcément, mais il a été rassuré : Mémère Angèle était bien soignée. À regarder tous ces fils, il était comme apprivoisé ; ou c'était sa manière à lui d'apprivoiser sa peur de voir mourir son idole. Je pense qu'aujourd'hui Max a compris un peu plus que la simple mort d'un crapaud. Tout à l'heure, sous ses yeux, il a eu sa Mémère Angèle à lui qu'il adore. Pas un rat qui vole des œufs !

Vers dix-neuf heures, Maman a décidé de lever le camp et de rentrer à Kerménéven. La route a été silencieuse. Chacun était plongé dans ses pensées.

Arrivés à la maison, on s'est tous mis à aider Maman pour préparer le repas. Papa est allé dans le cellier chercher une bouteille de vin blanc et il a trinqué avec Maman à la santé de Mémère Angèle.

À table, Max a eu une question bizarre que je ne m'étais jamais posée :

– Elle a jamais eu de mari, Mémère Angèle ?

– Si, il y a longtemps. Il est mort dans un accident, a répondu Maman.

– Un accident de quoi ? a poursuivi Max.

– De remorque. L'attache qui reliait la remorque au tracteur a cédé et la remorque a basculé sur lui en vidant les choux-fleurs qui étaient dedans. Il a été écrasé.

– Il est mort écrasé par des choux-fleurs ?

J'ai senti à son intonation que Max tenait un sujet de méditation pour la soirée.

De mon côté, j'ai juste demandé un complément d'informations :

– C'était quand ?

– Il y a quarante ans environ.

– Quarante ans ?

J'ai été scié. Tant d'années toute seule à s'occuper d'un pareil terrain !

– Et encore, tu n'as rien vu. Mémère Angèle

a vendu les neuf dixièmes de ses terres il y a quelques années. Un an avant ta naissance à peu près. Mais jusque-là, c'est elle qui s'est occupée de faire tourner la ferme avec les employés, les troupeaux et tout et tout.

J'ai simplement constaté :

– Ils n'ont pas dû rigoler.

Maman a ajouté :

– Tu sais, Mémère Angèle est une femme pleine de secrets. Elle a eu des tas de vies, d'aventures dont certaines que je ne connais pas. Si elle se réveille, tu n'auras qu'à lui demander de te raconter. Comme ça, vous serez un peu plus proches tous les deux.

Comment avais-je pu croire que Maman n'avait pas remarqué la distance entre Mémère Angèle et moi ?

Je suis monté me coucher. Il fallait que je retrouve mon journal, que j'écrive tout ça, cette journée tellement pas ordinaire, tellement mieux qu'une journée de vacances.

J'ai eu l'impression, en montant l'escalier, que quelque chose bougeait en moi. Et depuis que je suis penché sur ce cahier, cette sensation ne m'a pas quitté. Comme si je poursuivais quelque chose. Une ombre, une forme. Mais pas effrayante, presque rassurante.

J'ai vu les étoiles se lever en écrivant. J'ai un filet de lune en face de moi.

Je vais oser le dire, même si j'ai un peu peur qu'écrire fasse tout disparaître.

Il faut essayer pour savoir :
Je suis bien.

Je suis bien. Je suis bien. Je suis bien. Je suis bien. Je suis bien. Je suis bien. Je suis bien. Je suis bien.

je suis bien

Angel

6

Angel

Tout le monde est parti à l'hôpital sauf moi. J'ai dit clairement que je ne pouvais pas y retourner. Pas aujourd'hui.

Ils sont partis à trois après le repas. Max a besoin de voir Mémère Angèle. Lui dire qu'elle est vivante ne lui suffirait pas. Il lui faut les bips des machines, le goutte-à-goutte, les infirmières pour répondre aux nouvelles questions que la nuit a apportées.

Comment une pastille collée sur la poitrine peut capter les battements d'un cœur ?

Où vont les pensées quand on est dans le coma ?

Est-ce qu'on fait encore caca ? (Ça le travaille vraiment, cette histoire.)

Est-ce qu'on entend les voix déformées comme dans les films qui font peur ?

Toutes ces questions, nous les avons eues en rafale au petit déjeuner. Papa a fait ce qu'il a pu en sachant bien que les réponses du médecin seraient plus convaincantes.

Je me suis donc retrouvé seul. Seul dans la grande maison. Jamais je n'aurais cru ça possible : respirer calmement dans le silence ou dans les pièces qui résonnent, ne pas avoir le trouillomètre qui s'affole, passer d'une pièce à l'autre sans me retourner, sans chercher à surprendre un fantôme.

Et pourtant je l'ai fait.

Je suis même allé plus loin.

J'ai beau y réfléchir, je ne comprends toujours pas ce qui m'a poussé vers la grange aux yeux, ce qui m'a fait monter l'escalier vers le grenier, soulever la trappe et pénétrer dans la pièce de mon cauchemar. Tout ça sans angoisse, sans peur, sans sueur froide. Je sais seulement que je me suis mis en tête de trouver quelque chose. Quoi ? Je n'en savais rien, je pense. Peut-être une des anciennes vies secrètes de Mémère Angèle.

Je refais le film de mes pas vers la grange, une lampe de poche à la main, je me revois agripper la rampe de l'escalier raide, défaire le petit verrou extérieur qui retient la trappe et mettre le premier pied sur le plancher du grenier. Amstrong sur la Lune. Ni plus ni moins.

J'ai braqué la lumière dans plusieurs directions, je me suis avancé et je suis tombé sur… non, pas sur une étagère, mais sur des boîtes à archives soigneusement empilées sous des bâches.

J'avoue n'avoir eu aucune hésitation : j'ai soulevé les plastiques et j'ai commencé à regarder dans les boîtes. Je ne me suis même pas dit que tout ça était très indiscret, qu'à me découvrir, Mémère Angèle me tordrait le cou comme à ses poulets.

Aucune de ces pensées ne m'a effleuré. J'ai pris trois boîtes, je suis descendu, j'ai repris le chemin de la cuisine, je me suis servi un grand verre d'eau pétillante et j'ai ouvert une première boîte.

Hier, Maman m'en a trop dit ou pas assez. Les vies cachées de Mémère Angèle, je veux les connaître. Peut-être pas toutes, mais au moins quelques-unes, histoire d'avoir quelque chose à lui dire en allant la voir à l'hôpital.

J'ai trouvé différents dossiers, dont certains pleins de chiffres, de colonnes. Ceux-là ont vite été refermés. En revanche, en ouvrant la troisième boîte, j'ai tout de suite repéré, en étalant les dossiers sur la table, un document qui ressemblait à un diplôme.

Je le prends et je lis :

Angel

Vainqueur du tournoi de Kerménéven

1960

Je me gratte le haut de l'oreille droite (un tic que j'ai quand je suis perplexe) mais, disons les choses, je continue à fouiller. Une pochette apparaît : « Articles de journaux ». J'ouvre et je tombe sur une quinzaine d'articles ou de tracts qui tous parlent d'une certaine "Angel".

Je m'arrête sur un tract qui la présente :

Biceps puissants, cou musclé, cuisses d'haltérophile, elle a une réputation très affirmée. Sa lutte est puissante, ses prises particulièrement dangereuses, elle sait mettre son adversaire dans des situations tout particulièrement difficiles. Elle est capable de corriger le sexe fort qui d'ailleurs s'en trouve marri… car il ne s'attend pas à une telle force chez une femme… C'est tout simplement im-pen-sa-ble !

À droite du texte, j'observe la première photo d'une femme brune aux cheveux courts, poings serrés, prête à se battre, et à gauche une autre de la même femme, en tenue d'ange. Avec tout ce qu'il faut pour faire l'ange : deux grandes ailes repliées dans le dos, une sorte de tenue blanche comme celle des lutteurs, et un masque blanc lui aussi. Et l'ange comme la femme, les poings serrés, s'apprêtent à foutre sa raclée au Diable ou aux Méchants. Angel, la vengeresse masquée !

Je regarde d'un peu plus près et je tombe en arrêt. Je pense halluciner :

Mémère Angèle, c'est Angel.

Angel, c'est Mémère Angèle plus jeune. Mémère Angèle, c'est l'ange blanc prêt à mettre une droite au premier qui bronche.

Ma vue se brouille. Tout ça me crève tellement les yeux que je ne le vois pas. Ou alors j'essaie de ne pas croire ce que je vois, ce que je lis. 1958-1959-1960. Le catch féminin, la carrière éclair d'Angel. Vingt combats, dix-huit victoires. Contre les meilleures avec ça, d'après ce qu'écrivent les journaux : Paule de Cottignies, dite « Le diable rouge » (le voilà, mon Diable), Léa Calonne, Lina Magnani championne d'Italie.

Je suis sur le cul, littéralement sur le cul.

Mémère Angèle a été une reine du catch.

Une reine discrète et éphémère d'ailleurs, qui n'est jamais sortie de sa Bretagne, qui a toujours refusé de lutter ailleurs que dans les environs de Kerménéven, sans jamais dépasser Brest au nord et Quimper au sud. A l'est, ce n'est pas la Bretagne…

Pour une vie inconnue, je suis servi.

« Les mains de bûcheronne, le cou de taureau... », je ne délirais pas ! Je savais bien qu'il y avait quelque chose là-dessous.

Une envie terrible me prend alors de décrocher le téléphone, d'appeler Maman sur son portable pour lui dire : « Tu sais quoi ?... »

Pourtant je me ravise. Je vois bien l'énormité de ma découverte, mais pour tout dire, je reste sur ma faim.

J'ai bien lu quelques éléments biographiques : la fermière bretonne reine du catch, l'ange veuve qui décide de monter sur le ring, la femme à la poigne de fer qui dirige quinze ouvriers agricoles dans une des plus grosses fermes de la région de Quimper. Mais sur ce qui l'a poussée à monter sur le ring, à passer entre les cordes, je n'ai rien trouvé.

Je suis resté un très long temps à tout lire et relire, à regarder les photos avec une loupe.

J'ai cherché des détails, des expressions, mais derrière son visage fermé comme ses poings, Mémère Angèle-Angel a gardé tout son mystère.

En tout cas, je tiens le sujet de ma visite demain après-midi.

Le plus dur est maintenant d'attendre. J'ai surmonté l'épreuve de me taire, de ne rien dire quand ils sont rentrés ce soir avec des nouvelles de Mémère Angèle. L'encéphalogramme reste calme, trop calme. Le cerveau ne semble pas être très actif. Ce calme inquiète Maman. Elle aimerait que les aiguilles se mettent à bouger sur le papier qui déroule.

Maman a murmuré presque en pleurant :

– Je lui parle, je lui dis que je voudrais qu'elle soit là, qu'on a encore plein de choses à se dire, que je voudrais qu'elle me parle d'elle. Je lui dis de se battre, de ne pas lâcher. Je lui rappelle des souvenirs de mon enfance, mais ça ne fait rien. C'est comme si elle ne m'entendait pas. C'est dur. Je ne sais pas si j'aurai le courage d'y aller demain.

Je n'ai pas cru Maman. C'est juste un peu de découragement. Demain après-midi, on ira tous. La nuit porte conseil comme on dit.

L'impatience m'empêche de trouver le sommeil.

Je sens comme une barre d'énervement dans ma poitrine.

J'inspire profondément.

Je sens que je vais m'endormir dans un tourbillon d'Angèle-Angel.

Demain, Angel va ressusciter du passé.

7

Angèle

Dure journée !

Dure et belle journée !

Je me suis levé tard. Maman ne dit plus rien.

À table, ce midi, elle a annoncé qu'on n'irait pas voir Mémère Angèle aujourd'hui. Que peut-être toutes nos visites la fatiguaient, qu'on faisait sans doute pire que mieux.

Elle a dit ça d'un ton qui m'a laissé espérer qu'après la sieste elle pourrait encore changer d'avis. Mais la sieste a été longue,

très longue. Alors j'ai emmené Max dans le jardin pour démarier la dernière rangée de carottes.

Plié en deux, j'ai réfléchi. Je n'avais pas attendu toute la nuit pour me retrouver bloqué ici. Je ne voulais pas. C'était vraiment, vraiment pas cool. Parce que je savais que j'allais cracher le morceau. Tout dire.

Alors, quand Papa est venu nous voir au jardin, je n'ai pas hésité :

– Je veux aller voir Mémère Angèle aujourd'hui !

Papa m'a regardé bizarrement. Il a peut-être cru à une nouvelle blague, mais il est reparti sans rien dire. J'ai cru que j'avais fait la gaffe de trop.

Pourtant, dix minutes plus tard Papa est revenu.

– Prends de quoi t'occuper dans la voiture, je t'emmène. Toi, Max, tu vas te laver les mains et tu montes faire un câlin à Maman dans la chambre. On est d'accord, un câlin sans souris éventrée ou ver de terre en bracelet.

– Oui, Papa.

Max est passé devant lui tête baissée. Papa l'a regardé partir en souriant. Max a dû le sentir. Il a remonté les épaules comme si le sourire de Papa lui chatouillait le cou et il s'est mis à courir.

J'ai fait la route à côté de Papa. Une épreuve de près d'une heure. J'ai très vite senti que j'allais tout lui dire. En se retrouvant à deux dans la voiture, je sentais le piège de la confidence se refermer sur moi. Papa avait respecté mon désir d'aller voir Mémère Angèle sans rien dire. Je trouvais ça bien, mais mon secret était mon secret. Alors j'ai posé la première question qui m'est passée par la tête :

– Tu as peur de mourir ?

Papa a attendu de sortir du virage pour me répondre :

– Oui et non. Ce n'est pas vraiment de la peur. J'aime la vie, j'aime me réveiller le matin, j'aime sentir ma première respiration en me réveillant. Mourir, pour moi, c'est perdre ça, perdre la possibilité du ciel bleu, du soleil. Mais tout dépend aussi de la façon dont la mort entre dans ta vie. Pour moi, elle est entrée pour de vrai quand ma grand-mère est morte. J'étais étudiant, je rentrais de faire des courses, je posais mes sacs et le téléphone a sonné. Au bout du fil, mon frère m'a dit qu'elle venait d'avoir un malaise, qu'elle était en train de mourir. Le médecin était là mais il ne pouvait rien faire. J'ai raccroché. Il a rappelé dix minutes plus tard ; elle était morte. Ça a été terrible pour moi de vivre ça à distance, de me dire que je ne pouvais rien faire, que je ne pouvais rien lui dire avant qu'elle parte. Je devais juste attendre le deuxième coup de fil… J'imagine que pour toi, c'est un peu pareil. On n'a pas eu le temps d'en parler vraiment, mais l'épisode du jardin a dû être dur pour toi. Si tu veux, si tu penses que ça peut te faire du bien, on peut en parler un peu maintenant.

Cette réponse de Papa m'a complètement déstabilisé. C'était la première fois qu'il me disait quelque chose d'aussi personnel, qu'il me parlait presque comme à un adulte. Et je me suis aussi rendu compte qu'on n'avait pas parlé de « l'épisode du jardin ». On avait tous été pris dans le tourbillon de l'hôpital. Tout avait tourné autour de Mémère Angèle. En écoutant Papa, je me suis aussi aperçu que, pour le moment, tout raconter dans mon journal semblait avoir suffi.

J'ai continué :

– Qu'est-ce que tu as fait après ?

– Après quoi ?

– Après le deuxième coup de fil.

– J'ai pleuré, beaucoup, longtemps.

Son silence m'a un peu angoissé, alors j'ai demandé :

– Et l'enterrement ?

– Je n'aime pas les enterrements. C'est difficile de t'expliquer pourquoi. Mais avant la cérémonie, je me suis rendu compte que jamais je n'avais envoyé de lettre à ma grand-mère, juste des cartes postales que très souvent je n'avais pas envie d'écrire. Mais je savais que je devais le faire sinon elle m'aurait engueulé en rentrant de vacances, comme si je l'avais oubliée. Pour moi ça n'avait rien à voir avec l'oubli, c'était juste de la flemme, mais pour elle, ça voulait dire qu'on ne pensait pas à elle. Alors j'ai voulu lui écrire une lettre pour lui dire au revoir. Je l'ai lue à l'église.

J'ai lâché sans réfléchir :

– Papa, tu sais quoi ?

Mais je me suis aussitôt rétracté :

– Non, rien.

Après ça, on n'a plus rien dit jusqu'à l'entrée dans l'hôpital. Dans l'ascenseur

Papa m'a juste demandé si ça allait. J'ai dit oui.

Arrivés dans le service, j'ai arrêté Papa devant la porte. Je lui ai dit :

– Je veux rester avec Mémère Angèle tout seul. Je peux ?

Papa m'a souri, il a cherché quelque chose au fond de mes yeux et il m'a répondu :

– Bien sûr, je suis juste à côté dans la salle d'accueil. Si tu as besoin de moi…

En entrant, j'ai retrouvé Mémère Angèle comme je l'avais laissée deux jours avant. Immobile, silencieuse, à l'extérieur comme à l'intérieur.

Je me suis assis à côté d'elle, près de son visage, pour entrer dans la confidence. J'ai respiré un bon coup avant de me lancer.

Je lui ai dit tout ce que je savais dans les moindres détails : les articles, les photos, je lui ai dit où et comment je les avais découverts (sans parler du cauchemar des yeux bien sûr). Je lui ai dit que je trouvais ça incroyable, qu'elle devait revenir pour tout me raconter, tout me dire de cette vie et des autres, que je voulais tout savoir d'elle.

Quand j'ai eu terminé, je me suis aperçu qu'en lui parlant, je m'étais approché de plus en plus près de son oreille. J'ai senti que machinalement, je lui avais pris la main. J'ai été surpris de me rendre compte qu'elle était chaude. Pas une main de morte.

Alors je suis resté un quart d'heure à guetter une réaction, une paupière qui tremble, quelque chose qui m'aurait dit que là-haut, dans sa tête, tout n'était pas éteint. J'espérais que mon histoire aurait le pouvoir d'une formule magique. Je me disais qu'elle pourrait la réveiller. Mais rien. Pas une vibration de l'épaisseur d'un cil. Rien, nada ! Juste une énorme déception.

Je me suis surpris à lui dire en moi-même : « Espèce de vieille Bretonne têtue ! T'es qu'une mule ! »

Je suis sorti, Papa a vu mon air dépité, il m'a passé la main dans les cheveux. On n'avait plus rien d'autre à faire que de repartir.

En rentrant, au « Alors ? » de Maman j'ai répondu « rien » et je suis monté dans ma chambre. J'avais la gorge nouée. J'ai senti une grosse boule monter.

Comme une bombe à eau, j'ai éclaté en sanglots.

J'ai mis une bonne demi-heure à me calmer, à laisser mes yeux dégonfler. J'ai pris une BD. Deux BD. Trois BD. Quatre… le téléphone a sonné.

Quelques secondes après Papa a crié :

– Nathanaël !

J'ai dévalé l'escalier sans oser y croire.

Il a dit :

– C'était le médecin : il vient d'examiner Mémère Angèle. Elle donne des signes de réveil. C'est pas gagné mais ça se remet à bouger dans sa tête. Je ne sais pas quelle bombe à retardement tu as posée mais elle a fonctionné.

À ce moment-là, je n'ai plus rien contrôlé. Je suis parti dans une danse de dingue au

beau milieu de la cuisine, puis dans la cour. Je chantais, je criais, je courais après les poules :

– Mémère Angèle va se réveiller ! Mémère Angèle va se réveiller ! Angel va se réveiller ! Angel va se réveiller !

Max qui n'en demandait pas tant m'a rejoint dans la danse comme un vrai pantin désarticulé. Quand on a été suffisamment défoulés sous les regards souriants de nos parents et sous celui terrorisé des poules, Maman m'a demandé :

– Pourquoi tu prononces « Angel » à l'anglaise ?

– Oh, comme ça, pour rien !

J'ai filé direct dans ma chambre.

Ne rien dire, surtout ne rien dire.

Le repas du soir a été bien plus joyeux que les autres. Ils ont bien essayé de savoir ce que j'avais pu dire à Mémère Angèle mais je n'ai rien lâché.

Max m'a regardé pendant tout le repas comme si j'étais une sorte de sorcier guérisseur, à la fois inquiet et admiratif.

Trop fier de me sentir vraiment son grand frère !

Après le repas je suis monté dans ma chambre, je me suis mis devant mon journal, journal pour une rescapée.

Vivement demain, l'hôpital.

Je sais ce que je vais lui dire, à Angel.

8

Ouvrir les yeux

Nouveau record : levé onze heures quarante-cinq.

Avec tout ce que j'avais à écrire, je me suis couché vraiment très tard, vers deux heures du matin.

Maman n'a rien dit en me voyant descendre. Faire réagir Mémère Angèle dans son coma, ça donne des avantages au quotidien.

Dehors, il y avait un reste de brume avant le soleil de midi. J'ai tout de suite eu confiance dans cette journée.

Pas de sieste pour les parents. On est partis assez vite pour l'hôpital en faisant un crochet par l'océan. Maman voulait voir les vagues, les rouleaux, le mouvement. Ça nous a fait du bien de marcher le long de la plage.

À l'hôpital, le docteur nous a accueillis avec le sourire. J'ai senti son regard se porter plus spécialement sur moi. Il m'a pris par l'épaule, m'a emmené à l'écart.

– J'ai su pour hier. C'est rare de voir un enfant de ton âge passer du temps à parler à une personne âgée comme ça, dans le coma.

– Je sais pas, j'ai répondu.

– Si, je t'assure, il a insisté. Tu lui as parlé ?

– Oui.

– Qu'est-ce que tu lui as dit ?

– Des trucs.

– Et tu ne peux pas me le dire, que je sache quel genre de trucs la fait réagir ?

– Non.

– Tu sais, je suis médecin, je dois garder tous les secrets médicaux et ton secret, c'est une sorte de secret médical puisqu'il a amélioré l'état de ta…

– Mémère Angèle.

– Oui, Mémère Angèle. Tu ne veux pas ?

– Non, pas maintenant, peut-être plus tard, si elle veut, si elle se réveille vraiment.

– D'accord.

Le docteur m'a laissé et je suis revenu vers les parents.

Quand on est entrés dans la chambre, j'ai remarqué que les uns après les autres, on a regardé les machines avant de regarder Mémère Angèle. Comme si elle était plus là, dans les bips et les lumières qui clignotent, que dans son corps immobile. On s'est installés, Maman a parlé un peu à Mémère Angèle, Papa aussi. Ils l'ont encouragée en disant que c'était bien de donner des signes.

C'est d'abord Papa qui est sorti avec Max qui commençait à s'agiter. Maman les a suivis dix minutes plus tard, en me disant qu'elle voulait prendre un peu l'air.

Pas besoin de me faire un dessin. Ils voulaient gentiment me laisser avec Mémère Angèle au cas où j'aurais encore des choses à lui dire.

Sans attendre, j'ai repris ma position de la veille, la main de Mémère Angèle dans la mienne et j'ai tout dit. Tout, tout, tout. Mes terreurs nocturnes, mes cauchemars, la peur qu'elle m'inspirait, l'incompréhension que j'avais de voir Max l'adorer, peut-être la jalousie, je ne sais pas, le mystère qu'elle représentait, mes nausées et tout ce que j'avais pu vomir sur la route. Sans oublier les envies de pisser sous les couvertures quand j'avais la trouille qu'elle vienne dans ma chambre la nuit. Le rêve aussi de sa mort la veille de son accident, et le dégoût presque que j'avais

en l'embrassant sur la joue. Tout, vraiment tout.

J'ai voulu qu'elle sache, pour qu'elle comprenne tout le chemin qu'on avait à faire à deux, encore.

J'ai compris en lui parlant que de l'avoir entendue dire mon nom avant de partir dans le coma, c'était super important pour moi. J'ai compris que Nathanaël voulait dire quelque chose pour elle, même si elle n'arrivait pas à me le dire. Et j'ai compris qu'en hurlant son nom à mes parents, c'était une façon de dire qu'elle était importante pour moi.

Alors je lui ai dit ça aussi.

J'ai entendu Max revenir avec les parents. Je me suis réinstallé rapidement dans le fauteuil comme si de rien n'était. Ils sont entrés, très discrets. Maman m'a demandé si tout allait bien. J'ai répondu que Mémère Angèle n'avait pas bougé.

Le médecin est passé. Il m'a jeté un coup d'œil. J'ai baissé la tête. Un peu après on a entendu les infirmières préparer les chariots pour les soins. On s'est levés pour dire au revoir à Mémère Angèle. On est sortis la tête un peu basse.

L'ascenseur a descendu ses deux étages. On a attendu Max parti faire escale aux toilettes. Quand il est ressorti tout léger, on s'est dirigés vers la sortie.

– S'il vous plaît, attendez !

Une infirmière arrivait vers nous en trottinant.

– Attendez, elle s'est réveillée.

On s'est tous regardés. L'infirmière était un peu essoufflée.

– Les infirmières l'ont bougée pour vérifier les escarres et elles l'ont entendue murmurer ton nom.

Elle a dit ça en me regardant. J'ai pointé mon index sur ma poitrine.

– Moi ?

– Oui, toi ! Elle a ouvert les yeux. Le médecin est en train de l'examiner. Vous allez pouvoir la voir. Venez.

On a suivi l'infirmière comme des automates. On a attendu devant la chambre. Maman m'a pris contre elle, un bras sur mon épaule. Max est venu se nicher contre moi de l'autre côté. J'étais SON grand frère.

Trop fiers !

Le médecin est sorti. Il a dit à tout le monde d'entrer et il a ajouté en me prenant encore par l'épaule :

– Je vous l'emprunte.

Dans le couloir, il est revenu à la charge.

– Une fois, ça peut être le hasard, deux fois, j'ai plus de mal à y croire. Tu ne veux toujours pas me dire ?

Je me souviendrai toute ma vie que ma réponse est venue toute seule, sans réfléchir, sans chercher à faire du mauvais esprit, mais juste pour avoir la paix :

– Vous savez, c'est peut-être Max. Quand elle a eu son malaise, il faisait caca ; quand

elle se réveille, il est encore aux toilettes. C'est peut-être un signe aussi.

Le médecin a éclaté de rire. Il m'a tapé sur l'épaule en me poussant vers la chambre.

– Allez, file, va la rejoindre !

J'y suis allé sans me presser, mais avec un sacré trac au ventre. Comment allait-elle être ? Qu'allait-elle me dire ? Là, j'allais faire mon entrée tout seul, sans l'avantage du groupe.

J'ai pris une grande inspiration. Je me suis lancé en essayant d'articuler le plus clairement possible :

– Bonjour, Mémère Angèle.

Je suis allé me mettre contre son lit à côté de Papa. Quand je me suis senti un peu protégé, j'ai osé croiser son regard. Elle me regardait, de ses yeux noirs, noirs mais doux. D'une voix affaiblie elle a dit :

– Ben quoi, tu m'embrasses pas ? Je sens trop le vieux ?

Mémère Angèle n'avait pas changé.

J'ai souri en me penchant pour l'embrasser. Je veux dire vraiment, lèvres contre joues. Au passage, elle a posé sa main sur la mienne, discrètement, sur la couverture.

Comme on avait pour consigne de ne pas trop la fatiguer, on est partis un quart d'heure plus tard.

Dans la voiture, on a discuté de la fin des vacances. On a décidé d'annuler la réservation à la montagne pour rester avec Mémère Angèle.

Encore deux semaines à Kerménéven.

Cool, trop cool.

Ce matin, j'ai tout de suite su que je pouvais avoir confiance dans cette journée.

Autant de soleil en Bretagne quatre jours de suite, ça veut dire quelque chose.

9

Le grand retour

Mémère Angèle a récupéré à toute allure.

Du vrai granit breton, du menhir brut.

Le docteur a très vite parlé de la laisser sortir.

De mon côté, j'ai dû lever le pied pour le journal. J'ai voulu retrouver un rythme de sommeil plus équilibré, profiter du soleil matinal.

Le médecin a finalement accepté la sortie anticipée de Mémère Angèle pour que les infirmières ne se mettent pas en grève. Il voulait

aussi sans doute qu'elle retrouve sa maison, ses repères, sa famille.

À peine arrivée, bien appuyée sur sa canne toute neuve, elle a fait le tour du propriétaire pour voir si tout était comme elle l'avait laissé. Elle s'est reposée un peu l'après-midi et le soir elle est allée se coucher très tôt.

Ça m'a fait drôle de voir Mémère Angèle de nouveau chez elle. Je commençais à m'y sentir chez moi.

Je suis content qu'elle soit là, de l'autre côté de mon mur.

Je viens de relire pour la millième fois les articles de journaux.

Je n'en reviens toujours pas.

10

Un autre départ

Demain, c'est le grand départ et je n'arrive pas à dormir.

Les jours ont passé si vite, tellement trop vite.

Même la pluie qui a fini par arriver n'a rien ralenti.

Je n'ai pas envie de partir, mais pas du tout.

Alors, pour étirer le temps de cette dernière nuit, je reviens vers mon journal, une ultime fois, je le sais.

Si je n'ai écrit que deux petites pages depuis le retour de Mémère Angèle, c'est que j'avais des choses plus importantes à faire. Je peux même dire plus importantes à vivre.

Mémère Angèle et moi, on s'est apprivoisés.

Après deux trois jours, elle a vite repris toutes ses habitudes. Un soir, en montant se coucher, elle a annoncé que le lendemain elle retournerait travailler un peu au jardin. Papa lui a dit qu'avec la chaleur, ça n'était pas raisonnable. Elle a répondu :

– Je sais, je vais y aller au lever du jour.

Maman s'est écriée :

– Pas toute seule !

Mémère Angèle a rétorqué :

– Lève-toi si tu veux et viens biner avec moi.

Maman a fait la moue. J'ai choisi ce moment pour surprendre tout le monde.

– Je vais venir avec toi.

Maman s'est exclamée :

– Si tôt ? Ce ne sont plus des vacances !

– J'ai envie, j'aime bien jardiner. À la maison, à part tondre la pelouse, y'a rien à faire.

Maman a abdiqué.

– Fais comme tu veux, après tout, c'est toi qui te lèves. Mets ton réveil mais ne le laisse pas sonner trois heures.

Je n'ai pas eu besoin de réveil. Quand Mémère Angèle a ouvert sa porte de chambre, j'ai sauté de mon lit pour la rejoindre en bas.

Je l'ai regardée préparer le café. En mangeant, on a parlé potager.

Quand on est sortis, le jour se levait sans brume. On a mis les bottes pour prendre la direction du jardin. Au bout d'un moment, tout en continuant à arracher des mauvaises herbes, Mémère Angèle m'a dit :

– Au fait, Nathanaël, tu n'oublies pas que tu as quelque chose à me rendre ?

À cet instant précis, je me suis surpris à ne pas me dégonfler en lui répondant :

– Ne t'inquiète pas, c'est bien caché dans ma chambre.

– Je ne m'inquiète pas, je veux juste que tu me rendes mes souvenirs.

– Je te les ai pas pris, Mémère Angèle, je te les ai juste empruntés. Mais d'accord, je te les rends si tu réponds à mes questions.

Mémère Angèle s'est redressée.

– Dis donc toi, tu manques pas d'air, c'est pas ta mère qui m'aurait répondu comme ça ! À ton âge elle filait doux avec moi.

Elle a laissé planer un silence avant d'ajouter :

– C'est bien, ça. J'aime bien. Tu tournes bien, mon petit. C'est d'accord. Je répondrai à tes questions, mais à une condition : tu n'en parles à personne. À bientôt douze ans, tu dois être capable de garder un secret, non ?

– Ne t'inquiète pas.

J'ai quand même voulu lui demander par honnêteté :

– Mémère Angèle, depuis le début des vacances, j'écris un journal pour raconter tout ce qui m'arrive, enfin, tout ce qui nous arrive. Je pourrai écrire dans ce journal ce que tu vas me dire ? Parce que j'ai déjà parlé dedans des articles de journaux.

La réponse que je craignais est tombée :

– Non.

Ce « non » ne souffrait aucune contestation. J'ai quand même demandé pourquoi :

– Parce que n'importe qui pourrait tomber sur ton journal. Tes parents, Max. Qu'ils apprennent que j'ai fait du catch, passe encore, je ne vais pas te demander de brûler ton journal. C'est trop important pour toi. Mais pour tes questions sur le reste, ça va être un vrai secret entre nous. Et un secret, ça se garde dans la tête, un point c'est tout. Je peux te faire confiance ?

– Oui, Mémère Angèle, tu peux me faire confiance.

Et nous avons repris notre travail en discutant d'Angel, la reine du catch, sous le soleil matinal qui nous chauffait doucement le dos.

Épilogue

Ce journal est un faux.

Disons que ce n'est pas le vrai.

L'original, celui que j'ai écrit il y a huit ans, a disparu dans un déménagement.

Tous mes cartons étaient bien fermés mais quand je les ai ouverts dans ma nouvelle chambre, je n'ai pas retrouvé mon journal. Un mystère, un de plus. Mémère Angèle les attire.

Alors pourquoi ce journal reconstitué après tant d'années passées ?

Parce que Mémère Angèle est morte il y a trois mois, doucement, dans son lit, en dormant, au milieu du printemps.

J'étais parti un week-end chez un copain quand Maman m'a appelé. Elle m'a dit : « Elle est morte cette nuit. » Et j'ai tout de suite pensé à Papa, à ce qu'il m'avait raconté dans la voiture. Ça m'a un peu protégé ; j'étais un peu préparé comme on peut l'être pour ces choses-là. Je suis rentré tout de suite. Je n'ai pas lu de petit discours à l'enterrement. Max l'a très bien fait.

Les vacances d'été sont arrivées un mois plus tard.

Elles sont bientôt finies.

Les parents et Max ont voulu partir en août, changer d'air ; moi, j'ai voulu rester à Kerménéven. J'ai dit que j'avais beaucoup de lectures à faire, de notes à prendre. Je voulais le calme.

Quand je me suis retrouvé tout seul pour la première nuit dans la grande maison, j'avoue que ça m'a fait bizarre. J'ai tout à coup mesuré tout le chemin parcouru entre l'été du journal et cet été 2009.

Alors que je croyais ce journal si loin derrière moi, des morceaux entiers m'en sont revenus à l'esprit. C'est pourquoi j'ai décidé, chaque soir, comme à l'époque, de me remettre à son écriture.

J'ai su tout de suite que je ne le réécrirais pas à l'identique, mais j'ai essayé d'en garder l'esprit intact pour être fidèle à Mémère Angèle.

Et comme ma tendre Babayaga n'est plus là pour me faire ses gros yeux, je ne résiste pas au plaisir de raconter un petit peu du secret du jardin, un presque rien qui pour moi en dit pourtant beaucoup.

Quand je lui ai demandé pourquoi sa carrière avait pris fin d'un coup alors qu'elle était Angel, l'Ange blanc du ring, elle m'a répondu, toute dressée, les pieds droits dans ses bottes :

– Tu sais, mon petit, le jour où un organisateur de combats est venu me demander, sans doute à cause de mes gros lolos, si je ne voulais pas faire du catch à seins nus, j'ai cru qu'il

se foutait de moi. Tu l'aurais vu, un gros répugnant, qui puait la transpiration et l'argent. Bref, il me dit que ça se fait de plus en plus, que c'est mieux payé parce que les hommes, ils aiment bien reluquer les seins des femmes qui se battent. Je l'ai regardé droit dans les yeux et je lui ai dit : « Mes seins, y'a pas un homme qui les a approchés depuis que mon homme il est mort. Alors vous croyez pas que je vais les montrer à des gros vicieux. » J'ai ajouté : « Monsieur, vous faites un métier de dégueulasse. »

Impatient, j'ai demandé :

– Et qu'est-ce qu'il t'a répondu ?

– Rien. Je lui ai collé une bonne manchette à ma façon. Ça l'a décollé du sol comme une plume, t'aurais vu ça ! Il était K.-O. le cul par terre, le cochon. Sans blague !

Ça, c'est ma Mémère Angel.

Table

DANS LA MÊME COLLECTION

UNE GRAINE EN CADEAU

Pour Igor, avoir un maximum de cadeaux pour ses dix ans va de soi. Mais quand il se précipite pour ouvrir ses paquets, son grand-père les lui a confisqués et lui donne, en échange, une simple graine. S'il en prend soin pour qu'elle donne une fleur, puis un fruit, alors seulement, Igor pourra récupérer ses cadeaux. Le garçon plante cette maudite graine, mais rien ne se passe…

Auteur : Gilles Abier
Illustrateur : Benjamin Adam

LA VIE EN VERTE

Scotchée devant sa glace, Marine n'en croit pas ses yeux : elle est verte, complètement verte, de la tête aux pieds. Une hallucination ? Et si sa mère l'avait trop gavée de légumes verts ? Ou si, sans le savoir, elle était verte de peur ? Il lui faut pourtant affronter le regard des autres et vivre sa différence.

Auteur : Gilles Abier
Illustratrice : Pénélope Paicheler

LES GARÇONS SE CACHENT POUR PLEURER

Perdre sa grand-mère, c'est beaucoup de chagrin. Faut-il se cacher pour pleurer ? Enzo se souvient de ce que sa mamie lui a appris : "Un homme qui pleure, c'est beau. Ça prouve qu'il a des sentiments, qu'il n'est pas un robot-macho." Des larmes donc, mais aussi la certitude qu'elle restera pour toujours au fond de lui, avec des mots et des souvenirs merveilleux.

Auteur : Élisabeth Brami
Illustratrice : Peggy Adam

LE RIRE DE MILO

Milo, l'ancien libraire du Caire, l'ami préféré de la famille, a soudain perdu sa joie de vivre. Cela fait tant de peine à Irène qu'elle veut à tout prix percer le mystère d'un prénom murmuré par Milo avec infiniment de tendresse : Samir Kamel. Irène et son père s'envolent alors pour l'Égypte, avec comme mission de redonner son rire à Milo…

Auteur : Eglal Errera
Illustratrice : Julia Wauters

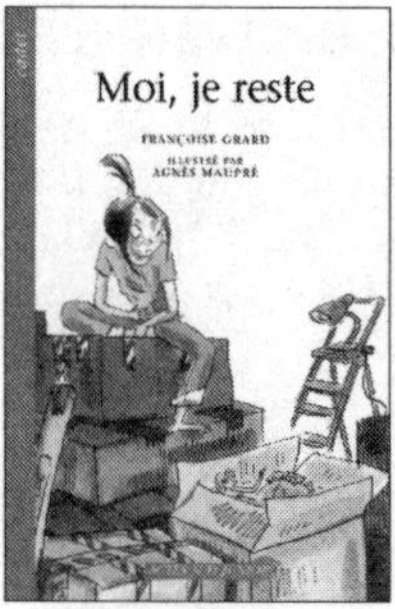

MOI, JE RESTE

Chloé est désespérée à l'idée de quitter la maison où elle a grandi. Mais poussée par les circonstances – affrontant la nuit et l'inconnu, protégeant un tout-petit –, Chloé va grandir et accepter le changement dans son existence.

Auteur : Françoise Grard
Illustrateur : Agnès Maupré

TOLSTOÏ, UN CONTE DE FÉES

Une petite citadine baptise Tolstoï le SDF qui dort en bas de chez elle, à cause du livre qu'il garde précieusement avec lui. Pourquoi tant de gens dorment ainsi dans la rue ? se demande-t-elle. Et si elle arrivait à convaincre son père de loger Tolstoï dans leur maison de campagne…

Auteur-illustrateur : Hanno

À L'OMBRE DES PIRATES

Avec un papa pirate, il faut savoir prendre quelques risques : éviter les boulets de canon ou les coups de sabre ! Mais l'aventure vire au cauchemar quand on découvre dans la cale du bateau des esclaves enchaînés. Mission est alors de les délivrer !

Auteur : Boris Le Roy
Illustrateur : Benjamin Adam

LE CADEAU DE FIN D'ANNÉE

À son entrée en CM2, le grand père de Boris lui a promis un grand cadeau en fin d'année : un "yamtchutchikl". Curieuse déclaration ! Le garçon se met à rêver à toutes sortes de présents utiles, inutiles, magiques…

Auteur : Susie Morgenstern
Illustrateur : Jean-François Martin

MON PÈRE A DISPARU !

Un petit garçon s'inquiète de la brusque disparition de son père. Lui cache-t-on quelque chose ? Son père est peut-être en mission secrète, ou c'est un agent secret pris en otage ! La vérité est tout autre…

Auteur : Cathy Ribeiro
Illustrateur : Aurélien Débat

DOSSIER LA GUÊPE

Julien ne reconnaît plus sa sœur Pauline qui est entrée dans l'âge ingrat, ne lui parle que pour lui crier dessus. Mais pourquoi celle qu'il a surnommée la Guêpe, pas sportive pour un sou, fréquente-t-elle le gymnase ? Julien décide d'enquêter. Une histoire drôle et mouvementée de réconciliation fraternelle.

Auteur : Anne Vantal
Illustratrice : Violaine Leroy

Achevé d'imprimer en novembre 2010
par l'Imprimerie Floch à Mayenne
pour le compte des éditions
ACTES SUD
Le Méjan
Place Nina-Berberova
13200 Arles.

Dépôt légal
1re édition : octobre 2009
N° impr. : 78099
(Imprimé en France)